NOTICE BIOGRAPHIQUE

LE

CAPITAINE DE VAISSEAU

JEAN-ALEXIS ROUBET

1814-1878

Le bien ne fait pas de bruit.
Le bruit ne fait pas de bien.

MADAME SWETCHINE.

PARIS

IMPRIMERIE DE E. DONNAUD

1, RUE CASSETTE, 1

1878

NOTICE BIOGRAPHIQUE

LE
CAPITAINE DE VAISSEAU

JEAN-ALEXIS ROUBET

1814-1878

Le bien ne fait pas de bruit.
Le bruit ne fait pas de bien.
MADAME SWETCHINE.

PARIS

IMPRIMERIE DE E. DONNAUD

1, RUE CASSETTE, 1

1878

LE

CAPITAINE DE VAISSEAU

JEAN-ALEXIS ROUBET

1814-1878

Le capitaine de vaisseau Roubet est mort à Paris, dernièrement, à l'âge de soixante-quatre ans.

Il a succombé aux atteintes d'une maladie cruelle dont l'existence, d'abord ignorée des siens, s'est révélée tout à coup avec une intensité telle que les soins empressés d'une compagne courageuse et de filles dévouées n'ont pu parvenir à en conjurer les ravages.

Sa carrière, guidée par les sentiments les plus nobles, et dont le devoir fut sans cesse le mobile, ne saurait être passée sous silence. En retracer les principaux traits est pour nous, qui l'avons connu et aimé, mieux qu'une satisfaction, l'accomplissement d'un devoir de reconnaissance et un hommage rendu à la mémoire d'un chef regretté.

Roubet (Jean-Alexis) naquit à Nevers, le 17 juillet 1814. Son père, propriétaire en cette ville, le destina de bonne heure à la carrière de la marine, pour laquelle il avait manifesté, dès l'enfance, un goût prononcé.

Entré à l'école d'Angoulême, le 12 novembre 1828, le jeune Roubet passa, en 1829, sur le vaisseau *l'Orion*, en rade de Brest ; il en sortit en qualité d'aspirant de 2me classe de la Marine le 20 octobre 1831 et débuta sur la corvette *la Perle*, destinée à une campagne dans la Méditerranée et sur la côte d'Algérie.

Dès ce moment, ses chefs reconnurent en lui cette passion du devoir, cette abnégation de lui-même qui furent, en toute occasion, la marque distinctive de son caractère. « *Il annonce d'heureuses dispositions pour la » marine, et je fonde sur cet élève les plus belles espéran- » ces* », disait de lui son commandant en 1832. Roubet a justifié, par la suite, cette appréciation flatteuse, la première qui ait été exprimée sur le jeune élève de marine, et qui fut comme le pronostic de l'avenir de l'officier.

Le 1er décembre 1833, il fut nommé aspirant de 1er classe et continua, en cette qualité, la campagne de la Méditerranée et du Levant entreprise à bord de *la Perle*.

Après avoir passé successivement sur *l'Agate*, *le Suffren* et *le Triton*, il fut nommé au grade d'enseigne de vaisseau le 10 avril 1837. Au moment de son débarquement de ce dernier navire, à Toulon, le

1ᵉʳ janvier 1838, M. le capitaine de vaisseau Hamelin,. sous les ordres duquel il était placé, signala au Ministre l'excellent esprit et le caractère élevé du jeune Roubet, son éducation parfaite, et le recommanda à sa bienveillance.

A peine avait-il pris quelques mois d'un repos bien mérité qu'il fut embarqué sur la corvette de charge *la Fortune*, dont la mission consistait à ravitailler, en hommes et en vivres, notre escadre du Mexique en station devant Vera-Cruz. Au cours de la traversée, le jeune enseigne de vaisseau déploya un dévouement que les circonstances d'une navigation pénible, souvent contrariée par la saison défavorable, mirent plus d'une fois à l'épreuve; et lorsqu'en 1838 eut lieu la reddition du fort de Saint-Jean d'Ulloa, qui ouvrait à la France les portes de Vera-Cruz, Roubet fut l'objet de témoignages flatteurs et de chaleureuses propositions.

Embarqué peu de temps après sur *l'Atalante*, en qualité d'officier d'ordonnance de M. le contre-amiral Massieu de Clerval, commandant en chef la station du Brésil et de la Plata, il prit part au blocus de Buenos-Ayres ; les services distingués qu'il rendit lui valurent, au retour de l'expédition, le grade de lieutenant de vaisseau, qui lui fut conféré le 17 octobre 1844.

Nous devons mentionner ici à quel point sa sagesse et la droiture de son jugement lui avaient conquis l'estime de ses camarades et la confiance de ses chefs.

Pendant cette dernière campagne, deux officiers avaient résolu, à la suite d'une altercation violente, de se rencontrer sur le terrain. Roubet, malgré son jeune âge, fut désigné par l'amiral de Clerval pour remplir auprès des deux adversaires une mission toute de conciliation et d'apaisement. Il s'acquitta de cette négociation délicate avec un zèle et un tact auxquels chacun rendit hommage et qui justifièrent amplement aux yeux de tous le choix exceptionnel dont il avait été l'objet.

Nous le retrouvons, deux ans plus tard, sur la corvette *la Seine*, envoyée en Australie, sous les ordres du capitaine de vaisseau Lecomte, et chargée d'une mission hydrographique, sur la côte de la Nouvelle-Calédonie.

« *Je ne saurais trop faire son éloge, dit de lui son*
» *commandant, il est propre à toute mission ; je lui ai*
» *confié des travaux hydrographiques qu'il a pu exé-*
» *cuter, malgré notre état de dénûment et des difficultés*
» *sans nombre qu'il a su vaincre.* »

La Seine ayant fait naufrage à la Nouvelle-Calédonie, des relations intimes ne tardèrent pas à s'établir entre l'état-major du bâtiment et les missionnaires français de l'île. Roubet se lia d'une étroite et profonde amitié avec Mgr Douarre, chef de la mission, qui le choisit pour être parrain du premier chrétien de la Nouvelle-Calédonie.

La décoration de la Légion d'honneur demandée pour le lieutenant de vaisseau Roubet à son retour en France, lui fut décernée le 19 décembre 1847. Il avait alors trente-trois ans.

En 1848, il est attaché au dépôt des cartes et plans de la marine, à Paris. Pendant un court séjour qu'il y fait, il met en ordre ses notes, et prépare les éléments d'un travail hydrographique des côtes de notre établissement futur des mers du Sud.

Après avoir rempli successivement les fonctions de second de la corvette à vapeur *l'Archimède* sur le littoral en 1851, et d'officier chargé de la batterie à bord de la frégate *la Zénobie* à la station navale du Brésil en 1853, le lieutenant de vaisseau Roubet, de retour en France, sollicita l'autorisation d'épouser Mlle Valentine de Fondville.

Le mariage fut célébré en Berry, dans une propriété de famille, le 12 octobre 1853.

D'une famille noble, Mlle de Fondville unissait aux qualités les plus solides des manières empreintes d'une distinction parfaite. De cette union naquirent deux filles ; Roubet confia leur éducation aux soins d'une mère accomplie, qui en a fait des femmes profondément chrétiennes et dévouées.

La guerre venait d'éclater entre la France et la Russie ; notre flotte se préparait à pénétrer dans la mer Noire. Ne consultant que son devoir, Roubet sut se dérober aux joies du foyer et réclamer l'honneur de prendre une part active à l'expédition.

Embarqué sur l'aviso *le Lucifer*, il assiste aux opérations qui ont lieu dans la Baltique ; l'année suivante nous le retrouvons dans la mer Noire, à bord du vaisseau *le Prince-Jérôme*, commandé par M. le Bon Didelot, capitaine de vaisseau, aujourd'hui vice-amiral, et qui fut pour Roubet, jusqu'à sa dernière heure, l'ami le plus sûr et le plus dévoué.

Inscrit sur le tableau d'avancement pour le grade de capitaine de frégate, le 1er janvier 1855, le lieutenant de vaisseau Roubet fut, à partir de la clôture des opérations de guerre en Orient, appelé à siéger dans diverses commissions, tant à Paris qu'au port de Rochefort. La rectitude de son jugement et sa capacité le firent distinguer, et un commandement, celui de l'aviso *le d'Entrecasteaux*, destiné à rallier le pavillon du commandant de la division navale du Brésil et de la Plata, devint la récompense de ses services. Il en prit possession le 16 novembre 1858 et partit aussitôt pour Montevideo.

A peine arrivé, il reçut une mission délicate dont M. le contre-amiral de Chabannes, commandant en chef dans ces parages, rend compte dans les termes suivants :

« *M. Roubet, capitaine du* d'Entrecasteaux, *n'est pas*
» *depuis longtemps sous mes ordres ; mais, déjà, j'ai*
» *reconnu en lui d'excellentes qualités, celles du marin,*
» *du capitaine et de l'homme. Chargé d'une mission*
» *difficile dans la Plata, il s'en est acquitté parfaitement*
» *en faisant relâcher devant Martin-Garcia et sous les*

» *canons des forts un bâtiment de commerce anglais pris*
» *par les Buenos-Ayriens.* »

Le grade de capitaine de frégate, demandé pour lui, en cette occasion, lui fut conféré par un décret du 23 décembre 1859.

Remplacé, un an plus tard, dans le commandement du *d'Entrecasteaux*, il quittait la station du Brésil, emportant les regrets de tous, chefs, camarades et subordonnés.

Mais une nouvelle expédition se préparait contre le Mexique, où des forces imposantes étaient envoyées, sous les ordres de M. le vice-amiral Jurien de la Gravière, pour appuyer l'action de notre armée. Roubet sollicita et obtint de ne pas rester en arrière, et cette fois encore, un poste de dévouement et d'abnégation lui échut en partage. Nommé au commandement de *l'Ardèche*, affecté à un service de transport entre la France et le Mexique, le jeune capitaine de frégate déploya une activité et un zèle qui le firent remarquer. Dans l'une des traversées du bâtiment une violente épidémie de fièvre jaune éclata à bord; 16 hommes de l'équipage furent atteints. Roubet soutint par son exemple et son autorité le moral de l'équipage décimé, et c'est à son attitude, aussi bien qu'aux sages précautions qu'il prit contre le développement du fléau, que *l'Ardèche* dut d'avoir échappé à un désastre.

M. le vice-amiral Jurien de la Gravière, en rendant compte au Ministre de la conduite digne d'éloges tenue par le capitaine de frégate Roubet, dans ces circonstances difficiles, sollicita pour le commandant de *l'Ardèche* la croix d'officier de la Légion d'honneur. Elle lui fut accordée le 31 décembre 1862.

Jusqu'en 1864, époque à laquelle il quitta le commandement de ce bâtiment, Roubet ne cessa de donner des preuves de son zèle pour le service et de sa passion du devoir.

Rentré à la fin de cette même année, il se préparait à jouir d'un repos devenu nécessaire, après tant de fatigues, lorsque M. le comtre-amiral Bon Didelot, son ancien commandant du *Prince-Jérôme* et son ami, appelé à exercer le commandement en chef de la division navale des Antilles et de l'Amérique du Nord, lui proposa le poste de commandant en second de la frégate *la Thémis*, destinée à porter dans ces mers son pavillon d'officier général.

Roubet accepta cette offre sans hésitation, et fit preuve, dans l'accomplissement de ces fonctions délicates, d'une aptitude particulière pour l'organisation intérieure du navire et pour l'instruction pratique de l'équipage.

L'inscription sur le tableau d'avancement pour le grade de capitaine de vaisseau fut le prix des services intelligents et dévoués qu'il avait rendus, et auxquels M. le contre-amiral Bon Didelot rendit, peu de temps après, un hommage éclatant en l'appelant au poste de confiance de chef d'état-major de la division navale, devenu vacant pendant la campagne.

La période active de la carrière militaire de Roubet cesse à partir de 1867, époque de son retour en France sur *la Thémis*.

Chargé du service météorologique et sémaphorique au dépôt de la Marine, il est appelé, le 26 janvier 1868, à remplir les fonctions de chef du bureau de l'état-major de la flotte au ministère de la Marine et des Colonies, et promu le 7 mars suivant au grade de capitaine de vaisseau.

En entrant au ministère, où l'appelait à servir à la demande de M. le contre-amiral Dieudonné, chef d'état-major et chef du cabinet du Ministre, M. l'amiral Rigault de Genouilly, alors chargé du département, le commandant Roubet ne se dissimulait pas le poids de la tâche qu'il avait acceptée. Il succédait à des fonctionnaires d'une capacité éprouvée titulaires de l'emploi pendant de longues années, et qui laissaient dans l'administration centrale de la marine les plus honorables souvenirs et de sincères regrets.

Mais son tact, sa bienveillance et l'aménité de son caractère, autant que sa capacité, lui conquirent bientôt tous les suffrages.

Nous l'avons vu à l'œuvre pendant près de quatre années d'exercice de ces fonctions importantes, où il sut se montrer à la fois ferme et conciliant. Au milieu des événements douloureux de la dernière guerre,

son activité et sa prévoyance suffirent à toutes les exi-
gences d'un service compliqué, de même que son pa-
triotisme se montra à la hauteur des plus cruels
revers.

Lorsqu'à la fin de 1871, les administrations de
l'État quittèrent Versailles, où elles s'étaient transpor-
tées pendant la Commune, et se réinstallèrent à Paris,
le commandant Roubet revint prendre son poste ; mais
il ne devait plus le conserver que peu de temps. Des
réductions nombreuses dans le personnel des officiers
de marine titulaires de fonctions spéciales à Paris
avaient été prescrites, et Roubet fut au nombre de
ceux que la mesure vint atteindre.

Mais la plus honorable distinction lui était réservée :
le Ministre voulant reconnaître le dévouement dont
il avait fait preuve, au milieu de circonstances parfois
difficiles, lui fit décerner la croix de commandeur de
la Légion d'honneur, qu'il reçut le 27 octobre de la
même année. Ses services continuèrent d'ailleurs
d'être utilisés dans diverses commissions du ministère
de la Marine, au se n desquelles il fit preuve d'un
jugement éclairé et d'une expérience consommée des
affaires.

Atteint par la limite d'âge, le 17 juillet 1874, il fut
admis à la retraite après quarante-cinq ans de services,
dont trente années passées à la mer.

Parvenu au terme d'une carrière aussi noblement
remplie, Roubet ne considérait pas cependant que sa

tâche fût terminée. Il rechercha un emploi d'inspecteur de la Société centrale de sauvetage des naufragés et l'obtint, grâce à l'affection et à l'appui du président de cette société, M. le vice-amiral Bon de la Roncière le-Noury, son ancien camarade d'école. C'était un lien nouveau qui le rattachait à la marine et, aussi, l'occasion de prodiguer un dévouement que les fatigues et les années étaient impuissantes à enchaîner.

Inconscient du mal qui le minait, il se dévoua tout entier pour cette œuvre humanitaire, et lui consacra, sans réserve, son zèle et son activité.

Cependant, sa santé altérée avait épuisé ses forces; la maladie le trouva désarmé. Ce fut avec le calme de la foi que Roubet vit arriver sa fin.

Résigné, au milieu des plus vives souffrances, il consola les siens, leur donna un dernier adieu et, tranquille sur le passé, confiant dans l'avenir, il rendit son âme à Dieu, le 30 août 1878.

Telle fut la carrière de Roubet. Sincèrement attaché à la discipline, ferme dans ses convictions et fidèle au devoir; il sera vivement regretté par tous ceux qui l'ont connu et aimé, par la marine entière qu'il a noblement servie.

Quand la retraite vint l'atteindre, elle ne fut pas pour lui un chagrin. Esprit élevé, cœur droit et fidèle aux liens de la famille, Roubet y trouvait le bonheur.

Uni, dès l'enfance, par les sentiments d'une affection profonde, à un frère, archéologue distingué, dont le tinrent souvent éloigné les nécessités de sa carrière, il aimait, aux heures de loisir, à le seconder dans ses travaux, à suivre ses intéressantes recherches.

Près d'une compagne vertueuse qu'il ne cessa d'entourer des soins les plus tendres, au milieu de ses enfants qu'il adorait, il eut le bonheur de les voir assez pour emporter la conviction que le patrimoine d'honneur et de vertu, celui qu'une vie toute de labeur et de désintéressement lui permettait de leur léguer, serait dignement recueilli.

EM. BILLECOCQ.

Paris. Novembre 1878.

Paris. — Imprimerie de E. Donnaud, rue Cassette, 4.

192

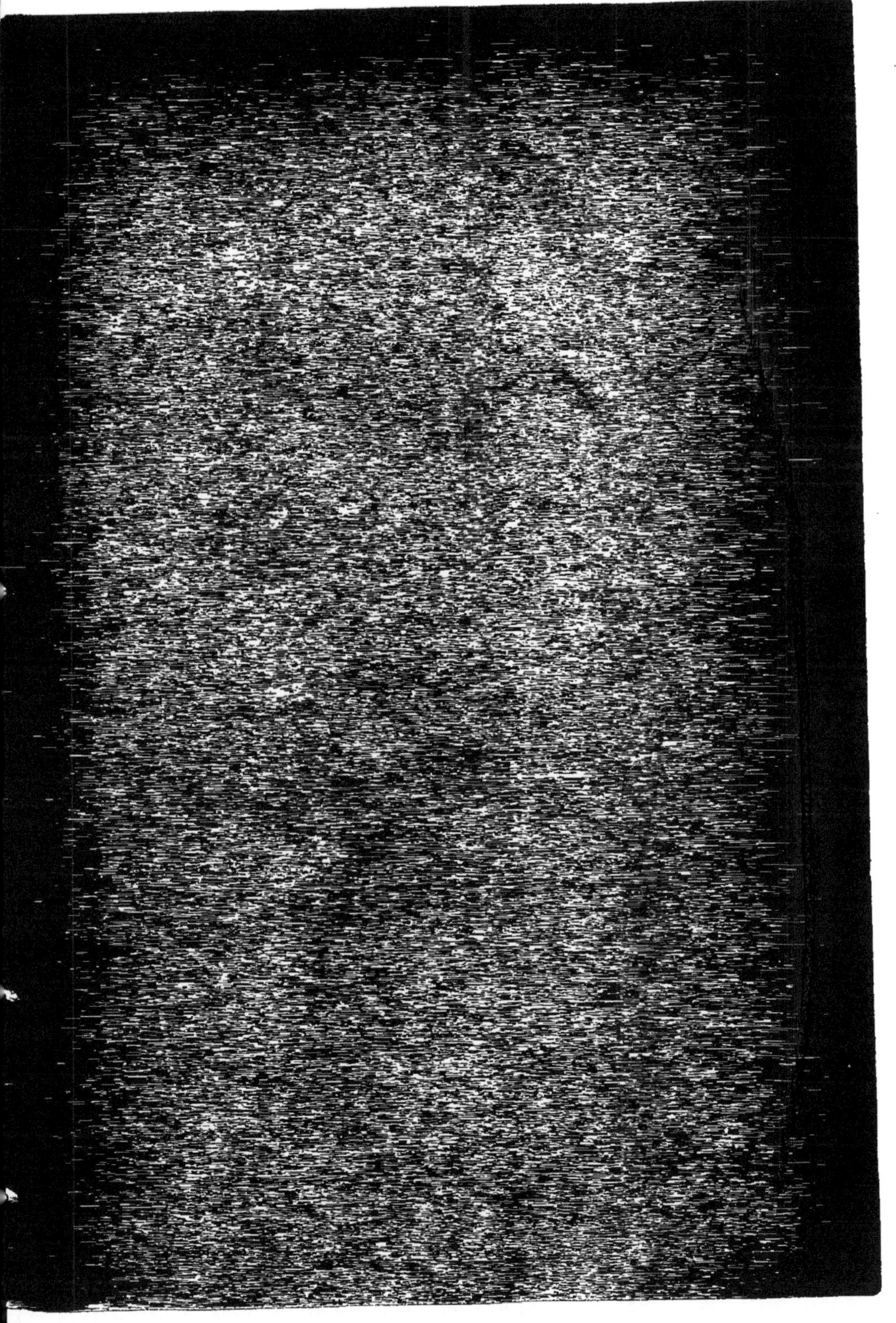

9 782019 958145